BUDGET

DE

1832.

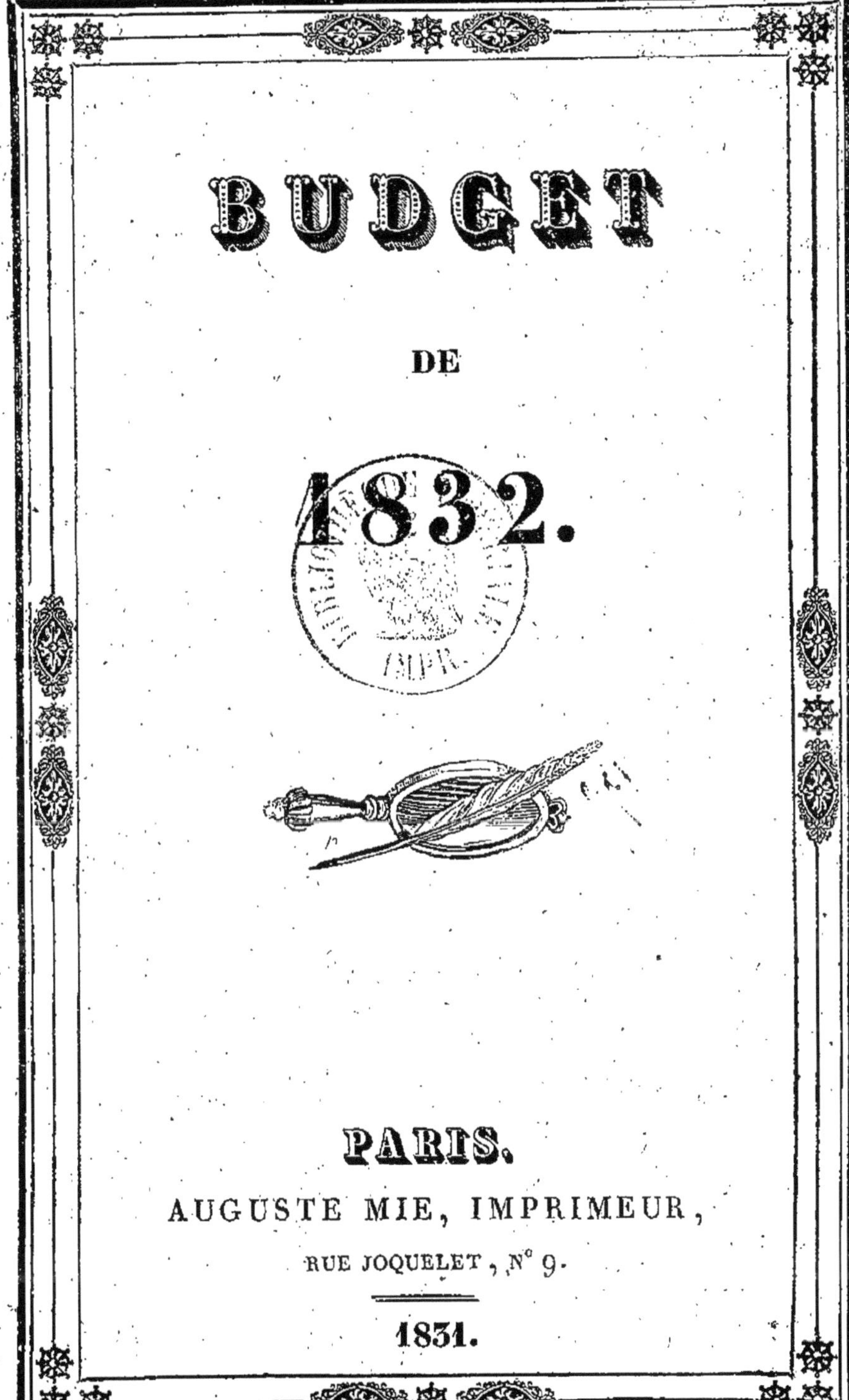

PARIS.

AUGUSTE MIE, IMPRIMEUR,

RUE JOQUELET, N° 9.

1831.

BUDGET DE 1832.

Lorsque Charles X est tombé, le budget de 1831 était préparé depuis trois mois. C'était neuf mois d'avance. Il était de 983 millions, qui n'eussent pas été accordés. On s'y est pris autrement depuis que nous avons Louis-Philippe. Pas si maladroit que de produire ce budget ou d'en faire promptement un autre. On a bien mieux aimé des crédits provisoires. On a eu soin de ne les demander qu'au dernier moment et d'urgence, c'est-à-dire, de façon à mettre les chambres dans l'impossibilité de réfléchir. Puis on a fait approuver 1,172 millions de dépenses. Comment les contester ? C'était mangé. Nous avons long-temps espéré qu'on n'aurait pas le courage d'en faire autant pour 1832. Mais après avoir présenté 1,100 millions de demandes, on a si bien occupé les députés, que trois mois de provisoire deviennent encore nécessaires; et voilà que M. le baron Louis en a présenté la loi. En attendant que la commission de la chambre se décide à faire son rapport sur le budget, dont on recule ainsi la discussion, nous allons essayer de faire le nôtre à nos lecteurs.

Dépenses.

Le premier article de dépenses est le service des rentes inscrites. Elles s'élèvent à 163,767,204 fr. en 5°|₀ antérieurs à 1831.

1,027,696	4¹|₂ .	*idem.*
3,125,210	4°₀	*idem.*
35,455,274	3°|₀	*idem.*
7,142,858	5°|₀	négociés en 1831.
1,000.000		montant de l'emprunt national.

En tout 211,518,242 fr. dont 41,706,000 appartenaient dès le 1er juillet à la caisse d'amortissement.

Cette somme est une dette. Elle n'est point susceptible de réduction. Mais il nous est demandé de plus 4,250,000 pour servir un semestre d'intérêt sur 8,500,000 fr. de rente, parce que le ministère, ayant conservé jusqu'à présent, sans en faire usage, 170 millions de crédits sur 310 qui lui ont été ouverts en rentes, se propose de négocier ce reliquat, l'année prochaine, jouissance du 22 mars. Nous verrons plus loin qu'il ne faut pas les accorder.

La dot de la caisse d'amortissement est portée pour 43,093,621 fr.

ils sont également à refuser, voici pourquoi : Lorsque nous sommes entrés en 1818 dans la carrière des emprunts, nous n'avions point de crédit; pour nous en faire un, ou plutôt pour séduire des prêteurs par l'appât d'un bénéfice très-prompt, nous attribuâmes à la caisse d'amortissement, non pas 1°|₀ du montant de chaque négociation, comme c'est l'usage partout, comme nous faisons maintenant, mais une dotation presque telle que si nous avions émis dès-lors toutes les rentes qui ont été créées depuis. Il en est résulté des rachats si rapides que la caisse d'amortissement possède, comme on l'a vu plus haut, autant de rentes qu'elle a de dot, et comme, à côté d'elle, les établissemens publics ont absorbé 30 millions de rente, et 200 mille particuliers 120 millions qui restent ainsi casés, elle agit avec 85 millions par an sur dix-neuf qui sont encore entre des mains de banquiers et de spéculateurs. C'est là tout ce qui est au marché. Une telle action n'est-elle pas beaucoup trop forte ? N'est-ce pas aux capitaux qui se forment par le travail de prendre à ces banquiers des rentes que d'ailleurs ils ont toujours eues au-dessous des prix du marché ? N'est-ce pas sur le détail et sur le temps que doivent se fonder leurs bénéfices, et faut-il que toute la population continue de se saigner pour enrichir quelques centaines d'hommes, d'autant plus malavisée, si elle le faisait, que plus elle éleverait le prix des rentes par des rachats, moins elle pourrait racheter. Ce n'est pas dans un moment où le commerce et l'agriculture souffrent si fort, où nous sommes obligés à tant de sacrifices pour soutenir un état de choses qui nous en récompense si peu, qu'un système d'amortissement pareil est soutenable. Les rentes désormais au pouvoir de la caisse d'amortissement montent à 42 millions. C'est bien assez d'action comme cela.

Les intérêts des cautionnemens ne varient pas. Ils sont à 4 p. 0|0 et forment   9,000,000 fr.

La dette viagère est de   6,200,000

La dette flottante, c'est-à-dire l'intérêt des bons du trésor en circulation, et des avances que font au ministère ses comptables, ne peut, comme la rente viagère, qu'être accordée, ci   15,000,000

Il en est de même des pensions de toute nature, qui vont à   58,389,654

Des dotations de la chambre des pairs, de la chambre des députés et de la Légion-d'Honneur, composant   4,602,417

Ainsi voilà en tout, avant de passer aux ministres, 504,710,313 f. qu'il faut payer. — Voyons maintenant si ces ministères ne peuvent pas être conduits avec plus d'économie qu'ils ne le sont.

La *justice* demande 19,469,700. Il ne s'y est opéré depuis la chûte de Charles X qu'une seule réforme, celle de ce qu'avaient d'exagéré quelques traitements de présidents, de procureurs et d'avocats-généraux dans la cour de cassation et les cours royales. Les frais d'administration sont restés les mêmes. 120 personnes y sont toujours réunies, coûtent 556,000 fr. et seraient fort bien payées, chauffées, etc., avec 100 fr. de moins. Le conseil d'état, qu'on avait fait mine de réformer, et qui est au contraire devenu une sorte de *pandémonium* de toutes les médiocrités dévouées, figure pour 486,300, quand, avec 396,000, on pouvait donner 15 mille fr. à 12 conseillers d'état, 6 mille à 24 maîtres des requêtes, 72,000 aux bureaux et au secrétaire qui les conduit. Les retraites et secours sont portés à 661,000, tandis que sous la restauration elles ne dépassaient pas 371,000. Nous ne sommes pas assez injustes pour trouver la magistrature trop payée. Mais il est évident qu'au moyen des modifications que nous venons de dire, 19 millions sont tout ce qu'il faut pour cette partie de nos dépenses.

7,502,000 f. Tel est le chiffre présenté par les *affaires étrangères*. on est surpris d'y voir que le ministre ne se contente pas de 120,000 fr. de traitement et frais de représentation, et qu'il fait entrer jusqu'à des blanchissages dans le compte de dépenses générales (matériel) qu'il porte à 168,000 fr. Mais c'est le nombre des sinécures qui frappe le plus dans ce ministère. Une division entière, celle des archives, y est montée comme si une classification de papiers était un travail à ne jamais finir, ou comme s'il ne se passait pas une heure sans qu'on eût besoin d'y fouiller. Un directeur y est payé 20,000 francs pour passer son temps à satisfaire sa propre curiosité, tandis que le sous-directeur, qui en reçoit 10,000, serait plus que suffisant pour conduire les rédacteurs, classificateurs et commis, qui pourraient eux-mêmes être moins de 9. Deux divisions d'affaires politiques et commerciales ont chacune un directeur, 2 sous-directeurs, et 8 commis, payés tous comme aux archives. La comptabilité est sur le même pied, sauf un sous-directeur, et nous remarquons 12,000 fr. pour un commissaire du contentieux, qui a été créé à l'occasion des réclamations étrangères payées par la France, en vertu d'un traité de 1818, et qui, par conséquent est ou doit être depuis longtemps débarrassé de leur liquidation. On veut 130,000 fr. pour traitemens d'inactivité, tandis que dès 1829 cette portion de dépense a été déclarée n'en devoir pas passer 100,000 fr. Outre cette demie solde, on parle de 80,000 fr. pour secours, de 100,000 fr. pour missions extraordinaires, quand nous n'avons plus sous ce titre qu'un commissaire aux droits d'octroi du Rhin, qui touche encore 9,000 fr., quoiqu'il ait à peu près fini son affaire;

enfin, de 700,000 fr. pour dépenses secrètes, comme si une politique franche et forte ne devait pas nous dispenser de tant de séductions et d'espionnages.

18 mille francs de moins dans les dépenses générales, la suppression du directeur d'archives, et du commissaire du contentieux, une réduction de 5,000 fr. dans les traitemens des directeurs restans, 30,000 de moins sur les demies soldes, 40,000 sur les secours, 91,000 sur les missions extraordinaires, et 200,000 sur les dépenses secrètes, forment ensemble une première économie de 426,000 fr. que nous pouvons faire dans les affaires étrangères; et les allocations aux agens politiques et consulaires nous en permettent une autre de 276,000 fr., qui réduit ce qui nous est demandé à 6,800,000 f. Nous savons bien que les grandes puissances payent splendidement leur agens, nous ne pouvons pas vouloir que ceux de la France se trouvent, à leur égard, dans un état d'infériorité. Mais nous ne voyons pas qu'une magnificence extraordinaire soit bien utile dans beaucoup de petites résidences, où les ministres plénipotentiaires servent tout au plus à protéger nos compatriotes, et par parenthèse s'en acquittent souvent assez mal.

9 ambassadeurs à 153,000 fr. l'un dans l'autre ;
20 ministres à 54,000 fr.   *idem.*

2 chargés d'affaires à 20,00 fr., 52 secrétaires à 6,000 fr., 21 consuls-généraux et 103 consuls, vice-consuls, chanceliers ou élèves, qui absorbent ensemble 1,668,000 fr., peuvent certainement être réduits d'un quinzième à peu près, si l'on considère qu'il leur est accordé, outre leurs traitemens, des frais de voyage qui ne vont pas à moins de 200,000 fr., et des indemnités d'entrée en fonction, qui s'élèvent à un tiers d'année. Toute la question se borne à porter ces modifications sur les localités les moins chères.

L'*Instruction publique et les cultes* n'étaient jadis qu'une dépendance du ministère de l'intérieur, qui maintenant s'est exclusivement réservé la direction de l'opinion publique, de la garde nationale et des télégraphes, et qui absorbe pourtant encore, en frais d'administration centrale, la grosse somme de 580,000 f. L'instruction et la religion ne sont-ils pas des moyens de direction plus efficaces et plus sûrs que l'ignoble police pour laquelle on réclame chaque année de nous 1500 mille francs de dépenses secrètes ? Le président du conseil n'aurait-il pas plus assez de liberté d'esprit s'il faisait marcher, au moyen d'un habile secrétaire, cette portion d'un pouvoir dont il se montre si jaloux ? Le titre de ministre est-il bien nécessaire pour recevoir ses ordres sur ce chapitre, et voyons-nous souvent que pour soutenir le gouvernement devant nos chambres il soit une garantie de talent et d'influence ? Réclamons le retranchement de ce ministère des cultes et de l'instruction publique ; non-seulement nous y gagnerons 262,000 fr. de frais d'administration centrale ; mais son hôtel et son mobilier ont coûté plus de 800,000 fr., leur vente nous les rendra peut-être.

D'autres observations sont à faire sur les dépenses dont ce ministère est distributeur.

Les bourses des séminaires s'élèvent à   1,100,000 fr.

Les colléges et les bourses royales à   1.675,000

tandis qu'il n'est alloué que 900,000 fr. à l'instruction primaire. C'est au rebours du bon sens et de l'intérêt général. Entretenir une pépinière d'hommes dans l'habitude de sacrifier à des dogmes leur raison ou leur conscience, c'est appeler l'hypocrisie et la stupidité au plus respectable des ministères. Faire apprendre à tel ou tel, qui serait destiné par la position de ses parens à des occupations manuelles, du Grec, du Latin, de hautes sciences, de la philosophie , c'est faire germer partout un besoin de déplacement qui est pour toutes les imaginations, comme un mauvais système d'impôt pour les choses matérielles de la vie, une immense cause de malaise. Ce qui importe à l'ordre, à la tranquillité du pays, c'est l'instruction primaire ; c'est que tous les français, s'il est possible, sachent lire , écrire, compter, soient ainsi à même de connaître et leurs intérêts et leurs devoirs, d'accroître la richesse publique en travaillant mieux à la leur, de n'être pas entraînés dans le mal par le premier factieux qui voudra s'en emparer. Supprimons les séminaires, en attendant que nous puissions renvoyer à chaque commune, à chaque secte, la liberté d'avoir ses prêtres et le soin de les payer ; ne conservons qu'un petit nombre de bourses, pour 454,500 fr. par exemple, au lieu de 754,500, pour ne pas laisser tomber du rang que lui a mérité son père , le fils d'un vaillant officier, celui d'un magistrat intègre, et portons en revanche à 1,500,000 fr. les frais d'instruction primaire. Ainsi modifiées et dégagées de leur ministère spécial, l'*instruction et les cultes* coûteront 36,317,600, au lieu de 37,579,600 qu'on nous représente comme nécessaires, et cette suppression du ministre, à qui l'université paye 50,000 fr. par an, ainsi que de 7 conseillers à qui elle donne, fort inutilement, 84,000 francs, permettra d'augmenter de 134,000 fr. les bourses ci-dessus, payées par le trésor.

Chargé du travail que nous venons de voir, la demande du ministre de l'*intérieur*, qui veut 3,380,000 fr. dont 600 mille pour secours aux étrangers, ne sera plus trop forte que des 1,500,000 fr. de dépenses de police, dont nous avons dit un mot plus haut. Nous nous croyons dispensés de prouver que toutes les polices du monde ne sont utiles qu'aux mauvais gouvernemens ; les bons n'en ont pas besoin.

Quant à la question de savoir si le personnel de ce ministère doit suffire, tel qu'il est, pour conduire les cultes et l'instruction publique, un seul mot la résoudra. 580 mille fr. réclamés par M. Périer et 1,054,000 que nous allons devoir tout-à-l'heure pour l'administration centrale de M. d'Argout, composent 1,634,000 fr., et il y a deux ans, le ministère de l'intérieur renfermant les travaux publics, ne coûtait que 1,244,000 fr. Cela fait 390,000 de plus que sous la restauration. La garde nationale, qui n'existait pas alors, en absorbe un peu plus du tiers. Il faut bien qu'avec la moitié du reste nous puissions avoir autre chose.

L'administration centrale des *travaux publics et du commerce* est portée au budget pour 1,054,000 fr. Le rapprochement que nous avons fait tout-à-l'heure, entre les dépenses d'autrefois et celles d'à-présent, nous conduit naturellement à trouver qu'on peut ici, sans aucun danger de désorganiser ce service, en réduire les frais à   950,000 fr.

La direction des ponts-et-chaussées et des mines n'a été baissée depuis 18 mois que de 14,000 fr! C'est bien peu. Le nombre des commis et des hommes de service pouvait être diminué, et l'ensemble des traitemens et du matériel, dans lequel le directeur se trouve encore à 36,000 fr., pourrait descendre à 180,000 fr., de 238 où il est. Les routes, ponts, navigations, bacs, ports maritimes, contributions aux travaux particuliers, et les chantiers extraordinairement établis à cause de la misère actuelle, forment un total de 48,858,000 de fr., , sur lesquels nous ne voyons pas de diminution à proposer. Mais il est demandé 3,304,000 fr. pour les inspecteurs, ingénieurs en chef, ingénieurs ordinaires, et les aspirans des ponts-et-chaussées et des mines. N'accordons pas plus de 3 millions, pour forcer, s'il est possible, de réduire ce personnel, dont le plus grand inconvénient n'est pas ce qu'il coûte, et qui, par la vanité, toujours en jeu, de chacun de ceux qui le composent, est un obstacle perpétuel au développement de toute entreprise, soit publique, soit particulière. Ce à quoi il faut tendre, c'est de le supprimer peu à peu tout-à-fait. Les travaux ne seront ni promptement ni économiquement faits, tant qu'il existera un corps d'ingénieurs payés, soit qu'on les occupe ou non, tant que le gouvernement ne laissera pas à l'intérêt des particuliers le soin de conduire leurs opérations, tant qu'il restera dans la dépendance de ce corps, nommé d'avance pour tout, au lieu de profiter, chaque fois qu'il a quelque chose à faire, de tous les avantages d'une concurrence ouverte, ou plutôt tant qu'il ne laissera pas faire par des compagnies particulières tout ce dont elles voudront se charger. Si le gouvernement ne s'était pas obstiné à faire lui-même tant de canaux, en en empruntant seulement l'argent, nous ne paierions pas tous les ans des intérêts énormes pour des commencemens de travaux qui ne nous rapportent rien, et qui dureront, Dieu sait combien à terminer, à moins qu'on ne les cède à des compagnies. Les ponts-et-chaussées ne sont pas même bons à régler d'une manière définitive les droits des communes ou des particliers pour les établissemens qu'ils autorisent, et les ordonnances royales n'affranchissent pas de plaidoiries devant les tribunaux. Que sont-ils donc, si ce n'est une entrave ?

Total de leurs dépenses   52,038,000 fr.

On nous demande d'appliquer 3,482,000 fr. aux bâtimens et monumens. Soit ; mais la chambre devrait bien aider nos ministres à se défendre de ces intrigues d'architectes, qui tendent toujours à construire des choses nouvelles, quand nous avons pour tel ou tel usage des constructions toutes faites et qu'il n'y a qu'à mettre en ordre. On ajoute ainsi à la bibliothèque royale des corps de logis qui coûteront immensément, et qui, enclavés entre des maisons particulières, resteront exposés aux incendies, tandis que le Louvre est vide, que son isolement convenait si bien à un si précieux dépôt, et que la vente de la maison de Mazarin et du terrein sur lesquels on l'étend aurait fait rentrer plusieurs millions dans le trésor.

Les établissemens scientifiques, littéraires, de beaux-arts, de salubrité ou de bienfaisance, les haras et les écoles vétérinaires, celles de métiers et d'agriculture, la prime pour la pêche de la morue, les poids et mesures, les secours aux colons, aux hospices, aux sociétés de charité maternelle, aux bureaux de bienfaisance et aux théâtres ; les encouragemens de toute sorte s'élèvent ensemble à 11,795,000 fr., dans lesquels il entre un peu d'arbitraire. Nous trouvons peu de raison à tant encourager les études qui ne sont pas utiles. Il y a à économiser sur cet objet, sans aucune parcimonie, au moins 45,000 fr., et sur le Théâtre-Italien, qui se soutiendrait sans elle, une moitié de sa subvention, c'est-à-dire 35,000 fr. Enfin les poids et mesures peuvent être confiés à des agens des contributions, et nous épargnerons ainsi 720,000 fr. Il ne restera donc que 10,995,000 francs.

Les dépenses départementales qu'on nous fait connaître d'avance s'élèvent à 37,770,946 fr., dont nous ne saurions ôter que les sous-préfets, rouage inutile, si l'on organise, comme il faut l'espérer, la municipalité dans les cantons, et les conseillers de préfecture que leur importance paie assez. Cela ne fait que 2,464,400 fr., dont 2,009,000 fr. pour les uns et 455,400 fr. pour les autres. Le reste s'en va en traitemens de préfets, routes, dépenses de prison, de casernement de gendarmes, enfans trouvés, encouragemens à des pépinières, vaccines, et enfin en choses éventuelles de toute nature. à allouer 35,306,546 fr.

1,987,945 fr, sont réclamés pour les cas d'incendie, de grêle ou d'inondation. Nous ne les contesterons pas, quoiqu'il soit bon d'observer ici que nous donnons, pour 1831, 50,000 fr. de moins.

Mais nous observons de plus 15,010,109 fr. qu'on demande de laisser lever par décisions de conseils généraux au moyen de centimes additionnels, et pour lesquels la chambre, si elle les accorde, recommandera sans doute beaucoup de discrétion à ces conseils. Ces centimes facultatifs, qui pouvaient paraitre légers sous la restauration, à cause des dégrèvemens qu'elle avait fini par accorder sur la contribution directe, deviennent insupportables à moins de nécessité absolue, quand on est écrasé de toutes les manières, ainsi que nous le sommes maintenant.

Récapitulation des diverses attributions des travaux publics et du commerce.

Administration centrale	950,000 fr.
Ponts et chaussées	52,038,000
Bâtimens et monumens	3,482,000
Sciences, beaux-arts, bienfaisance ⎫ Agriculture, industrie, salubrité ⎭	10,995,000
Dépenses départementales	35,306,546
Incendies, grêles et inondations	1,987,945
Dépenses facultatives au gré des conseils généraux	15,010,109
Total	119,769,600

M. de Montbel n'avait demandé que 110 millions.

Il faut être militaire, et un militaire fort instruit pour entrer dans l'examen des abus de l'immense ministère de la *guerre.* Nous ne le ferons pas à présent, nous observerons au contraire que les dépenses actuelles sont hors de toute proportion avec celle des années de la restauration, mais que le nombre des hommes et des chevaux sous les armes est presque doublé, et que pourtant l'administration qui les fait mouvoir n'a presque point augmenté. Accordons, puisqu'il faudra peut être nous défendre de toute l'Europe, ce budget qui ne va pas à moins de 307,434,000 fr. Mais si toutes les concessions que nos ministres font aux étrangers nous permettent du moins à la fin de compter sur un peu de paix, et de cesser une dépense à laquelle nos revenus ne suffiraient point, n'oublions pas que la portion de ce budget, afférente à l'état normal et ordinaire, n'est pas inférieur à ceux de Charles X, tandis que la suppression de la Garde royale et des Suisses, qu'on payait deux fois plus cher que l'armée, devait amener une différence d'au moins 8 millions de francs.

L'Angleterre dépense 150 millions pour la *marine*. Ce ne sera pas nous qui trouverons que la nôtre soit trop payée avec 65 millions. Nous serions plutôt d'avis d'y ajouter. Car si la France veut une marine, elle doit la vouloir telle que l'Angleterre ne puisse pas lui opposer partout des forces supérieures. Mais il y a dans ces 65 millions plus d'une somme qui pourrait être mieux employée qu'elle ne l'est. Nous y remarquons, entr'autres, 6 millions pour le service militaire des Colonies. Ces Colonies sont au nombre de 7, qui absorbent en services civil et judiciaire tout leur revenu de 8 millions, et qui ne procurent pas à la métropole le plus petit avantage. Ne vaudrait-il pas mieux les laisser à elles-mêmes, et renoncer à une suzeraineté stérile, que de consacrer chaque année 6 millions à y envoyer des soldats qu'un climat meurtrier décime ? Nous voudrions que cette question fût débattue. Pour la première fois depuis un siècle, nous avons un homme de métier à la tête de notre marine. Espérons qu'il rendra à une destination utile tous les autres fonds que la bureaucratie et ses abus en savent si bien détourner.

La Cour des Comptes est le premier article du Ministère des Finances : il monte à 1,249,000 fr. Ces magistrats ont peu à faire et n'ont pas besoin d'une très grande capacité. 25,000 francs pour le procureur-général, 18,000 fr. pour les présidens, 15,000 fr. pour les conseillers maîtres, et 10,000 fr. environ pour les référendaires, sont beaucoup. Une réduction de 100,000 francs serait juste et peu sensible, répartie entre cent personnes. Resterait 1,149,000 fr.

Dans le personnel de l'administration centrale, les traitemens de 6 chefs de division à 20,000 fr., des sous-chefs à 12,000, et des chefs de bureau à 9,000, seraient encore fort larges à 15,000 fr. 10,000 fr. et 6,000 fr. Nous aurions ainsi 200,000 fr. d'économie, c'est-à-dire, 2,231,500 fr. seulement à allouer.

Dans la direction centrale des domaines, les principaux emplois à 25,000 fr., 15,000 fr., et 9,000 fr., ainsi que le grand nombre des subalternes, causent un excès de dépenses d'au moins 80,000 fr. Sa demande de 568,200 fr. peut donc être réduite à 488,000 fr.

La Direction des Forêts n'a pas un personnel très nombreux,

mais il est, comme tout le reste des finances, trop rétribué ; et ici une grande sévérité serait d'autant mieux placée, que l'intérêt des employés à conserver leurs places les fait travailler tant qu'ils peuvent à retarder les ventes des forêts. 40,000 fr. ôtés de ce qu'on demande laisseront encore les traitemens des forêts sur un pied semblable à celui des autres directions. Net 139,700 fr.

Celle des Douanes, qui veut 402,800 francs, est susceptible, par les mêmes raisons, d'une économie de 60,000 fr. entre 121 individus qui y travaillent. Reste 342,800 fr.

Nous proposerons, dans le budget des recettes, la suppression des contributions indirectes. 10 ou 12 employés, au lieu de 208 à la Direction centrale, seront assez pour le petit nombre de perceptions qui resteront ; et en allouant pendant une année une demi-solde à ceux qu'on ne pourra pas replacer ailleurs, on aura, au lieu du chiffre de 570,000 fr. qui est présenté, celui de 510,000 dont 260,000 temporaires.

La Direction des Tabacs, qui veut 163,000 francs, devrait disparaître. Nous dirons pourquoi un peu plus bas.

Les Postes ont subi des réformes satisfaisantes. Laissons leurs 271,500.

Mais la Loterie devrait d'autant plus être réduite, que la loi qui en a élevé les mises, en a sensiblement diminué les produits. 520,000 fr., au lieu de 587,500, suffiraient.

Plusieurs abus se trouvent dans les Monnaies. Pourquoi, par exemple, deux commissaires-généraux, quand un suffirait ?

123,700 fr. qu'on demande, peuvent être réduits à 110,000 fr.

Les agens et les gens de service de l'Hôtel des finances sont au nombre de 151, indépendamment de ceux attachés à chaque division générale, et l'on veut leur donner 262,000 fr. Cela est un peu cher pour une telle nature de service. Nous mettrons 240,000, et nous n'allouerons que 12,000 fr. pour le service de nuit des postes, sur 72,000 qu'on porte en ligne de compte pour surcharge de travail à divers employés. Ils doivent leur temps à leurs chefs, et de ce qu'ils ne travaillent pas beaucoup ordinairement, il ne devrait pas résulter la nécessité de les payer extraordinairement quand ils travaillent.

Il y a 48 inspecteurs des finances : 1 inspecteur pour 9 arrondissemens. C'est bien du monde, avec la précaution que l'on prend de faire déposer des cautionnemens par les comptables, et avec le soin qu'on apporte sans doute à les choisir. — 12 de moins laisseraient à payer, y compris une année de demi-solde pour les sortans, 294,000 fr.

Le matériel, les frais de tournée, les poursuites et les secours montent ensemble à 819,000 fr., et pourraient être diminués de 100,000.

Pour le Bureau de l'indemnité des émigrés, nous ne proposons pas de diminuer les salaires, mais bien de les régler par tâches; sans cela, les liquidations s'éterniseront. Ci. 91,000 fr.

Dans celui des colons de Saint-Domingue, il faut convenir qu'une commission qui ne travaille pas et qui reçoit 48,000 fr. pour venir une ou deux fois par semaine causer autour d'une table verte, n'est pas d'une utilité bien évidente. Sa suppression ferait descendre le chiffre du ministère à 152,000 fr.

Enfin, on nous demande pour des employés de toutes classes, non compris dans le cadre d'organisation des bureaux, et qu'on nous représente comme en disponibilité, des demi-soldes montant à fr. 330,000. — C'est bien pour une année après le moment de la réforme; mais prolonger des actes de munificence qui ont déjà duré un an, et entretenir ainsi une réserve, ne nous semble convenable que pour l'armée. Des travaux de bureaux, la plupart peu anciens, ne méritent pas tant d'égards, et nous voudrions que tout le monde fût bien averti que cela ne continuera pas. Nous aurions déjà dû faire cette observation, à propos de 86,000 fr. de demi-soldes réclamées par le ministre du commerce, et sur lesquelles nous avons passé.

De ce qui précède, il résulte que le ministère des finances et toutes ses dépendances ne devraient avoir pour Paris que 7,200,500 fr., au lieu de 8,384,900. Cette différence vaut la peine d'être exigée.

Si l'on nous objectait qu'il faut bien que le savoir et le travail rapportent dans le service public autant que dans toute autre carrière, nous répondrions, pour tous les temps, que les autres moyens d'existence paient un impôt, qu'ils sont sujets aux vicissitudes de la fortune publique; pour celui-ci, que la propriété, comme l'industrie, sont frappées par les circonstances où nous sommes, et qu'une abondance excessive laissée aux fonctionnaires, quand tout le pays souffre, fait de leur condition une exception trop favorable. Nous n'avons pas proposé de changemens semblables dans certaines hautes dignités, parce qu'il faut ces buts d'ambition; dans les sciences et les arts, parce qu'il existe entre le perfectionnement des arts et les progrès généraux d'un pays, une corrélation à laquelle il faut songer; dans les traitemens des préfets, parce qu'ils doivent étaler une certaine représentation; dans les bureaux de la guerre et de la marine, parce que leur travail est augmenté dans ce moment. Mais pour les places où le travail reste le même, c'est-à-dire, assez peu de chose, nous ne saurions trop insister.

Voyons maintenant la part des départemens.

166 employés, répartis dans 13 hôtels de monnaie, coûtent, avec les dépenses d'essai et de laboratoires, 282,600 fr. Nous n'y voyons rien de trop. Mais on veut, pour frais de refonte des anciennes monnaies, 800 mille francs : on pourrait, lors même qu'on ferait tant de refontes, en partager la dépense avec les directeurs, si on examinait avec attention ce que coûte la fabrication. Il leur est accordé par la loi pour cet objet $1\frac{1}{2}$ p. 100 sur les matières d'argent, et $\frac{1}{3}$ p. 100 sur les matières d'or, tandis qu'il n'en doit guère coûter que $\frac{3}{4}$ p. 0/0 et $\frac{1}{10}$ p. 0/0, c'est-à-dire, pour 200 millions d'argent, et 20 millions d'or qu'on frappe annuellement, 15 à 16 cent mille francs. Les directeurs s'en partagent plus de 2,800,000. Il est évident que 1,500,000 fr. sont pour 13 personnes un bénéfice beaucoup trop considérable, et que l'État ne trouverait pas moins de directeurs, en leur imposant les refontes pour moitié de ce qu'il alloue. Cela procurera 400 mille francs d'économie. Nous sommes tout prêts à prouver ce que nous avançons pour les frais de fabrication.

Le Cadastre mange depuis bien long-temps déjà cinq à six millions par an. Si nous y laissons passer six millions, il faut faire comme pour les bureaux des indemnités aux émigrés et aux colons, des arrangemens à la tâche; car il n'y a pas de raison pour que Messieurs du Cadastre finissent jamais leur travail; et il serait bien important pour un redressement d'impôts directs, dont nous parlerons aux recettes, que cette évaluation générale des propriétés en France fût enfin achevée partout.

Le service de la Trésorerie dans les provinces est un des articles du Budget sur lesquels nous devons porter les plus sérieuses économies.

Les directeurs, inspecteurs et contrôleurs de la contribution directe sont au nombre de 972, et coûtent, avec leurs frais de bureaux et de tournées, 3,446,400.

100,000   peuvent en être ôtés pour ramener les directeurs de 5 mille francs à 4 mille francs.

126,400   »   »   pour réformer 79 nouveaux contrôleurs créés à propos du système de quotité introduit dans la contribution mobilière.

Les recensemens pour le personnel étant finis, doivent l'être également pour la contribution mobilière.

226,400. Il n'y a donc à accorder que 3,220,000.

Il est alloué aux percepteurs, 11,340,000 de remises,

    Plus   650,000 de frais d'avertisse-mens.

Quand on voit de près leur existence, on est forcé d'avouer que ce n'est pas trop. Mais les receveurs particuliers et généraux absorbent :

D'une part,   2,660,000 pour leurs taxations et traitemens.

De l'autre,   2,000,000 pour bonifications sur anticipations de recouvrement des contributions directes.

Et enfin,   3,000,000 pour commission sur le papier qu'ils remettent au trésor, au lieu de lui envoyer des écus. (Ceci ne leur reste pas entièrement, parce que souvent ils ne trouvent pas ou ne veulent pas de papier; mais c'en est toujours la plus grande partie.)

—————————

    7,660,000.

Un tel profit entre 545 individus est bien assez, sans y joindre encore 1,200 mille francs pour droits sur les contributions indirectes, et sans solder des payeurs exprès dans chaque département, au lieu de leur en faire faire la besogne. Les payeurs coûtent 1,120,000 fr. que nous épargnerons; et quant au droit sur l'indirect, il convient d'autant moins de le calculer ici, que nous proposerons, ainsi que nous l'avons déjà dit, quand nous en serons aux recettes, de supprimer la presque totalité de cet impôt.

De la sorte, le service du trésor et les perceptions directes ne coûteront que 22,270,000, au lieu de 24,816,400. » Un dixième d'économie n'est certainement pas bien rigoureux.

Les traitemens des directeurs, inspecteurs et vérificateurs des domaines sont beaucoup plus hauts que dans les contributions directes. 10 mille francs aux uns, 5 à 6,000 francs aux autres, et 3,500 aux derniers, composent 2,990,000, qu'il convient de réduire à 2,500,000, avec d'autant plus de raison que les receveurs à remises, taxés 5,100,000, sont véritablement les hommes de la chose, et que 786,800 sont accordés pour frais de bureaux et de logemens. Cette modification fera, pour les domaines, au lieu de 8,876,800, — 8,386,800.

Le timbre voudrait 770,950. Mais les garde-magasins de papier timbré seraient facilement supprimés , si on chargeait de ce soin MM. les directeurs des domaines ; cela réduirait la somme ci-dessus de 165,600 pour l'avenir, et, pour cette année, de la moitié seulement , à cause de la demi-solde à payer aux réformés. Nous n'aurions à donner que 688,150 francs.

Les Forêts emploient une armée de 3,918 hommes, dont l'intérêt est , comme chez ceux de Paris, qu'on ne vende point. Forçons-les, en diminuant leurs avantages, à nous seconder un peu mieux. Les conservateurs reçoivent 8,000 fr. chacun, les inspecteurs plus de 4,000, les sous-inspecteurs plus de 2,500. Pour ne pas descendre dans les subalternes, qui sont toujours sacrifiés par ces Messieurs, bornons-nous à ôter de leurs salaires, 2,000,— 1,000 et 500 fr. chaque. Il nous restera encore à payer, pour les forêts, 2,937,500 , sans parler de 1,114,500 d'avances recouvrables et de frais d'aliénations, que certes nous ne contesterons pas.

Les Douanes n'occupent pas moins de 27,664 hommes, pour lesquels il faut la grosse somme de 23,217,698 francs. La plupart des droits qu'elles perçoivent, sont, à la première vue, un mal pour les consommateurs, c'est-à-dire, pour la portion la plus nombreuse de la société. Mais comme quelques-unes des industries qu'elles protègent, peuvent en revanche, augmenter d'une autre manière le bien-être général, soit en procurant du travail, soit en retenant le signe d'échange dans le pays , quand elles seront perfectionnées ; et comme l'examen de celles qui ne méritent pas cette protection, parce qu'elles ne peuvent pas se perfectionner assez, ou baisser assez de prix, est une chose difficile et délicate , nous nous abstiendrons, pour le moment, de toute réflexion sur la dépense ; car il faut bien que les employés des douanes soient mis, par une existence passable, à l'abri de la corruption. Nous nous bornerons à appeler de tous nos vœux sur l'examen que nous venons de dire, le temps et le soin des trois pouvoirs. Malheureusement, nous avons bien peu d'espoir de succès, tant que nous n'aurons pas dans la chambre des députés, une représentation fidèle de tous les intérêts du pays, au lieu de mandataires d'une classe privilégiée, dans laquelle les manufacturiers dominent : ce n'est qu'alors que nous verrons tomber toutes ces prohibitions et tous ces droits qui sacrifient à quelques individus la population entière.

7514 individus composent les contributions indirectes dans les provinces ; en taxations , remises, traitemens, logemens, etc., ils occasionnent une dépense de 22,261,900.

La suppression de l'impôt rendra à l'industrie toute cette multitude, et nous n'aurons plus à payer que

796,200 pour les employés et receveurs aux canaux,
  droit de navigation, garantie, cartes et salines.
700,000 pour les entrepôts de tabac.
2,312,300 pour achats de poudre, transports, magasi-
  nage et gages des préposés aux ventes.

—————

3,808,500

Il faudra bien, pour la première année de cette réforme, laisser à un grand nombre d'hommes forcés de se caser ailleurs, une moitié de leurs traitemens fixes. Cela fera encore une dépense de 6,974,200; plus une autre de 849,000 pour les logemens devenus inutiles, dont on devra tâcher de céder ou résilier les baux; mais au moins nous ne les verrons plus dans les années qui suivront. Il est bon, en passant, de remarquer que l'avantage d'une telle mesure ne se borne pas à l'économie de 19 millions environ de salaire. La fortune publique y gagnera de plus le travail productif auquel ces employés seront obligés de se livrer, au lieu de passer tout leur temps dans des occupations improductives; et en supposant seulement 30 sols de travail par jour et par homme, cet objet ne va pas à moins de 3,201,000 en une année de 300 jours.

La dépense pour les Tabacs s'élève à 21,113,000, dans lesquels sont compris, comme aux Poudres, les prix d'achat de la matière exploitée. L'administration n'en est pas montée avec toute la mesure désirable, et s'est mise sur le pied d'exiger des soumissionaires de tabac en feuilles des cautionnemens qui les rendent plus rares, et lui font payer ce tabac beaucoup plus cher. Il y a d'ailleurs un fait qui prouve mieux que tout ce que nous pourrions dire, combien les diverses combinaisons de ce monopole sont imparfaites. C'est qu'une maison de premier ordre de Paris a offert assez récemment d'en donner plus de 50 millions par an, tandis que 67 millions portés aux recettes par le ministère sont réduits, par les dépenses indiquées ci-dessus, à 46. Quoique cette offre n'ait pas été acceptée par le Gouvernement, on ne trouvera pas étrange que nous la regardions comme acceptable, et que nous basions sur elle nos calculs. Nous ne porterons rien ici pour la dépense, attendu que les employés pourront se placer dans l'administration particulière, et nous ferons figurer aux recettes 50 millions nets pour les Tabacs.

Les Postes coûtaient avant la révolution de 1830, plus de 19 millions. On ne nous en demande plus que 17,276,585; et pour ne pas exposer un service si important à une désorganisation, nous nous abstiendrons d'objections. Mais il y aurait certainement encore beaucoup à gagner dans les Postes, en confiant aux Messageries, si parfaitement montées maintenant, le transport des dépêches de plusieurs routes. Nous ne saurions trop recommander cette amélioration aux soins éclairés du directeur.

La Loterie demande 1,874,700, sur lesquels on peut sans danger refuser 26,000 fr. pour 5 inspecteurs généraux ; 40 inspecteurs et sous-inspecteurs sont bien assez, et nous ne comprenons pas l'utilité de ces inspections générales. Reste 1,848,700.

Les Salines font à 185,000 une dépense beaucoup trop forte. Les deux commissaires du Gouvernement, qui résident sur les fabriques de sel, seraient assez bien payés avec 4,000 francs chacun, au lieu de 6,000, dans les localités où elles se trouvent, où 4,000 fr. sont une fortune. Le commissaire-général ne fait que des choses que les bureaux des Finances feraient sans lui, ou ne fait rien du tout ; il n'a pas seulement servi à défendre la propriété du trésor contre de malheureuses concessions de sources particulières que le ministre de l'intérieur a accordées dans le voisinage des Salines ; et c'est ainsi que le revenu public a baissé de 5 à 600 mille francs. 4 mille fr. d'économie d'une part, de l'autre la suppression d'un traitement de 15,000, et en 3ᵉ lieu celle des pensions et secours aux agens de l'ancienne compagnie, qui depuis six ans ont eu, ce semble, tout le temps de se replacer ailleurs, réduisent à 62,000 fr. l'allocation qu'il faut pour les Salines.

100,000 fr. attribués aux receveurs-généraux pour coupes de bois qui peuvent être négociées tout simplement par le Trésor, ne sont pas à reconnaître.

Enfin, sur le chapitre des non-valeurs, modérations dans les impôts directs, restitutions de contributions et d'amendes perçues, primes à l'exportation des marchandises, et escompte des droits de douanes, en tout 42,989,445, nous n'avons à donner que 41 millions 300 mille francs, à cause des restitutions et escomptes qui ne seront plus à faire pour contributions indirectes, et droits sur le sel.

De la sorte, les dépenses du ministère des finances, dans les provinces, seraient en tout de 138,016,033 francs, au lieu de 175,603,878.

Nous ne discuterons pas la liste civile, son importance dépendant tout à fait de la manière dont chacun entend la Royauté. Nous dirons seulement que, toutes pensions à liquider comprises, nous croirions aller beaucoup au-delà des convenances, en votant 10 millions pour une famille royale déjà riche, à titre privé, d'au-moins 8 millions de rentes.

Résumé de toutes les Dépenses.

304,710,313	Rentes, Cautionnemens, Pensions, et intérêts de la dette flottante.
19,000,000	Justice.
6,800,000	Affaires Étrangères.
36,317,600	Cultes et Instruction publique réunis à l'Intérieur.
1,880,000	Intérieur.
119,769,600	Commerce et Travaux publics.
307,434,000	Guerre.
65,000,000	Marine.
7,200,500	Finances, à Paris.
138,016,033	*Idem* dans les Départemens.
10,000,000	Liste Civile.

1,016,128,046	dont les portions suivantes tiennent à des circonstances passagères :

600,000	Secours aux étrangers.
11,000,000	Addition aux fonds des Canaux.
130,128,000	Dépenses de Guerre.

141,728,000

Et dont les suivantes, causées par des réformes, ne devraient plus se reproduire en 1833 :

86,000	Demi-solde aux employés de l'Intérieur réformés.
330,000	*Idem* à ceux des Finances.
82,800	*Idem* à ceux du Timbre.
8,083,200	*Idem* à ceux des Contributions Indirectes, et baux à résilier.

8,582,000

C'est-à-dire qu'il n'y a de permanent que 865,818,046 francs au lieu de 955,980,012.

Recettes.

La contribution *foncière* est évaluée 244,873,409 fr. — Nous ne sommes pas de ceux qui voudraient en voir augmenter les cen-

.times additionnels. Les maisons se dégradent, et le travail ne suf-
fit pas aux terres. Il leur faut beaucoup d'avances, que des impôts
trop élevés ôteraient aux propriétaires le moyen de faire. C'est
la première et la plus importante de toutes les fabriques, la
fabrique de pain, qu'on frapperait; et comme les terres sont ex-
trêmement divisées en France, comme tous les paysans en achè-
tent un morceau avant d'avoir amassé tout à fait de quoi le payer,
ce ne serait pas encore là la richesse accumulée, mais l'économie et
le travail de la majorité du pays, qu'on pressurerait. Mais le rapport de la taxe au revenu n'est pas uniforme pour toute la France :
il y a des départemens qui paient $\frac{3}{16}$ de leur revenu, d'autres $\frac{3}{18}$,
d'autres $\frac{3}{20}$, d'autres $\frac{3}{30}$, et même $\frac{3}{34}$. Ces inégalités ne sont pas
justes; en les faisant disparaître, nous aurions environ 18 millions
de plus, c'est-à-dire, 263 millions; et si le travail du cadastre
était fini, nous aurions encore davantage, car les anciennes décla-
rations des propriétaires se trouvent généralement inférieures à ses
évaluations.

La contribution *personnelle* devrait lever les 3 jours de travail
des commis, des ouvriers et des domestiques à l'année, qui ne sont
pas taxés eux-mêmes, sur la bourse des chefs et des maîtres qui
les emploient, ou qui gagnent sur leur temps, ou le dissipent. Les
objets de consommation n'en seraient pas sensiblement plus chers,
3 ou 4 francs à payer par chaque domestique n'empêcheraient pas
de se faire servir, et nous aurions 2 millions de cotes, ou 7 millions environ de francs de plus, c'est-à-dire, 36 millions au lieu de
29,400,000.

Rien n'a fait plus de mécontens de notre gouvernement actuel,
que le système adopté l'an dernier pour la contribution *mobilière*.
Quand les communes réglaient elles-mêmes, et c'était une liberté,
la répartition de leurs contingens, cette opération de famille se
faisait avec indulgence pour les pauvres. Maintenant que le trésor
public règle chaque cote individuelle, il les écrase. Cela vient de ce
qu'en frappant les logemens comme indices de revenus, on n'a pas
observé combien le rapport du logement au revenu est loin d'être
le même pour toutes les classes.

En général, à mesure que les loyers s'élèvent, ils deviennent
de moindres fractions des revenus de ceux qui les occupent. On
aurait donc dû les diviser en plusieurs catégories suivant leurs
prix, exempter d'impôts la plus basse, et charger davantage les autres, en proportion de leur élévation. Le peuple recevrait ainsi
d'une loi les avantages qu'il ne tenait que d'une équité arbitraire,
et nous n'en aurions pas moins, de la contribution mobilière, les
36 millions environ que nous a appris à en tirer M. Laffitte. Les prix

de loyers qui détermineraient leur classe, seraient fixés pour chaque département suivant sa population et sa richesse.

Le recensement des *portes et fenêtres* a porté leur produit présumé à 52,540,000 fr. Nous le supposons exact.

Les *Patentes* devront produire beaucoup plus que les 29,818,500 que l'on annonce, si le nouveau classement des métiers et professions s'achève, et surtout si la suppression de l'impôt sur les boissons est obtenue ; car elle permettra de doubler les patentes des marchands de vins. Nous croyons donc pouvoir porter, pour cette branche de nos revenus, au moins 33 millions.

Nous n'avons rien à dire sur les *frais d'avertissemens* aux contribuables, fixés à 650,000 francs.

Ni sur les contributions additionnelles des bois de *communes* et d'*établissemens publics*. 1,177,000.

Les droits d'*enregistrement*, greffes, timbres, revenus et prix des *domaines* vendus, engagés ou échangés, sont présumés de 191,738,000 fr., auxquels le fisc ajoute annuellement 1,487,000 fr. pour droits d'hypothèques à 1 0/0.

Si notre situation permettait une expérience, nous demanderions la réduction des droits de vente à moitié de leur importance. La France n'a pas assez de richesses mobilières pour l'étendue de son territoire et le nombre de ses habitans ; et en attendant qu'on y supplée par beaucoup de banques provinciales, ce serait une puissante ressource que de faciliter autant que possible la circulation de ses biens-fonds. Nous sommes persuadés que le fisc n'y perdrait rien, et que l'accroissement des mutations nous ferait trouver dans le droit réduit autant que nous obtenons du droit entier. Mais si le courage manque pour toucher à une branche si importante de revenus, on devrait au moins faire un essai sur les 1,487,000 fr. de droits d'hypothèques. Dans les trois quarts de la France, l'intérêt de l'argent qu'on emprunte est de beaucoup supérieur à celui que la propriété rapporte, et le besoin d'emprunter se représente souvent. Il ne faudrait pas encore le surcharger d'un pour cent, qui rend encore plus onéreux des emprunts déjà si chers ; car, après le travail et les capitaux, c'est leur extrême mobilisation qui crée sans contredit le plus de richesses. Nous réduirions le droit d'hypothèque au quart, et pour n'être pas accusé d'illusions, nous ne le porterions au budget que pour 372,000 francs.

Les *Forêts* sont portées pour 24 millions. Quoique nous ayons de bonnes raisons pour croire que ce n'est pas 2 0/0 de leur valeur capitale, nous voulons bien supposer qu'elles ne se vendraient pas, avec un peu de temps, plus de 6 à 700 millions : cela équivaut à 30 ou 35 millions de rentes 5 0/0. — Nous avons trouvé dans les dépenses près de 4 millions pour leur gestion. Devenues propriétés particulières, elles donneraient lieu à des droits de mutation, qui peuvent s'élever à $\frac{1}{2}$ p. 0/0 par an. L'état gagnerait donc à leur vente au moins 11 ou 16 millions par an. Ne nous lassons pas de la réclamer.

Les *Douanes*, portées pour 103 millions, ne seront que lentement modifiées. Passons.

Les *Sels* rendent 51,300,000. La suppression de cet impôt n'est pas pour le pauvre aussi importante qu'on le prétend ; car la consommation annuelle d'un homme n'est que de 7 kilogrammes, et le droit sur 7 kilogr. ne représente que 2 fr. 10 cent. Nous ne croyons pas non plus que la consommation du sel par les bestiaux en fût considérablement accrue. Nos cultivateurs sont, pour cela, trop routiniers. Mais comme l'heureuse influence du sel sur l'élève et la santé des bestiaux n'est pas douteuse, cette insouciance des pasteurs ne peut pas durer toujours, et nous ne saurions trop nous hâter de mettre un si grand avantage à leur portée. Réduisons de 30 à 15 fr. l'impôt du sel, et sans nous fier à un accroissement de consommation immédiat, posons seulement ici la moitié des rentrées jusqu'ici connues. — Ce sera 26 millions.

Les *Contributions indirectes* sont un objet de 171 millions.

Cette source de produits ne doit pas, pour être juste envers le peuple, rendre plus de 66 millions ; savoir :

50,000,000.	Pour le monopole du tabac, qu'on peut, nous l'avons dit, affermer encore plus chèrement, et qui ne peut pas être accusé de peser sur un objet de nécessité absolue.
4,180,000.	Vente brute des poudres.
3,680,000.	Droit sur les sels de l'Est et des Pyrénées, réduit à moitié.
7,880,000.	Droit sur les cartes, sur les métaux, navigation, bacs, péages, pêches, et francs bords.
260,000.	Remboursemens d'avances pour cartes.

66,000,000.

Tout le reste n'est qu'iniquité, déception, cause de désordre, et obstacle au développement de l'industrie.

Iniquité : car les boissons fermentées ne sont pas une chose dont le riche fasse plus d'usage que le pauvre ; au contraire, ce dernier ne peut s'en passer à cause des travaux fatigans dans lesquels il use sa vie ; et l'autre qui, ne faisant rien, n'a pas de forces perdues à réparer, est plutôt, s'il veut se bien porter, obligé de s'en abstenir. Ce n'est pas tout : il n'y a pas seulement pour le pauvre nécessité d'une consommation plus forte. Il supporte sur cette consommation, parce qu'il achète en détail, un droit que ne paie point le riche en état de s'approvisionner. La contribution de ces deux individus aux charges publiques est donc en raison inverse de leur aisance.

Déception : car dans tous les systèmes de gouvernement qui ont été suivis depuis quinze ans, il n'est accordé de droits politiques qu'aux citoyens qui paient une certaine somme. Cette somme est peut-être payée par le pauvre dans le prix du vin qu'il consomme, et on abuse de ce qu'il ne s'en aperçoit pas, pour ne lui point accorder de droits.

Cause de désordre : les faits parlent. C'est tous les jours, dans le midi, ou quelque combat ou quelque fraude.

Obstacle à l'industrie : car les ouvriers pourraient se contenter d'un moindre salaire, si les denrées de première nécessité étaient moins chères ; et les manufacturiers pourraient à leur tour les faire travailler sans y perdre, si leurs journées n'étaient pas forcément si élevées. Faudra-t-il, pour prouver cela à nos ministres, que vingt villes fassent comme Lyon ? et ne laisseront-ils jamais là, flétries comme elles méritent de l'être, ces maximes qu'on ne peut entendre sans surprise après une révolution faite par le peuple : qu'il faut s'adresser aux masses parceque c'est le seul moyen d'avoir beaucoup, les pressurer pour qu'elles travaillent toujours, ménager les riches et en faire pour qu'ils puissent commander beaucoup de travail ? Les hommes ne sont en société que pour leur bien être. C'est à ceux à qui elle en donne le plus, de payer le plus de ses frais. C'est à ceux qui la gouvernent, de la rendre le plus utile possible à chacun de ses membres, d'attacher à son maintien, par les avantages qu'il y trouve, le dernier comme le premier citoyen. Si le grand nombre souffre plus de cet état de société qu'il n'y gagne, à la force de le renverser, il en joint le droit, et il en use.

Les *Octrois* ne produisent pas moins d'immoralité et de tumulte que les taxes de mouvement et de détail sur les boissons. La plupart des objets qu'ils frappent, sont, comme elles, de première nécessité pour le peuple. C'est d'ailleurs à chaque pas une douane, une intolérable vexation. Il y a donc lieu de les supprimer de même. Partant, plus de 10e d'octrois à comprendre dans les contributions indirectes.

Si la France avait plus de canaux, si la moitié de ses provinces ne manquaient pas de communication entre elles, nous concevrions l'impôt sur les transports. Mais dans l'état où elle se trouve, c'est une charge dont le commerce et la circulation commandent une suppression absolue. Les autres rentrées qui disparaissent dans ce chapitre sont des amendes pour droits fraudés ou des licences pour exploiter ceux qui existent. Elles tombent avec eux.

Les Postes rendront 34,290,000
La Loterie 8,000,000

Le dernier article des Recettes contient les Salines de l'Est, les Jeux de Paris, les intérêts dus par l'Espagne, quelques bénéfices des monnaies, les produits des mines, les droits de vérification des mesures, différens versemens faits par les communes, par les Invalides et par les écoles militaires, certains débets non compris dans l'actif des finances, les indemnités pour remplacemens militaires, quelques ressources provenant des Ministres, et enfin diverses amendes, le tout montant à 19,847,482. Nous porterons 700 mille francs de moins, parce qu'il n'y aura plus d'amendes pour contributions indirectes.

Résumé des Recettes.

263,000,000   Contribution foncière.
36,000,000   *Idem* personnelle.
36,000,000   *Idem* mobilière.
32,340,000   Portes et fenêtres.
33,000,000   Patentes.
650,000   Frais d'avertissemens.
1,177,000   Contributions additionnelles des bois des communes et d'établissemens publics.
191,738,000   Enregistrement et Domaines.
372,000   Hypothèques.
24,000,000   Forêts.
103,000,000   Douanes.
26,000,000   Sels réduits à moitié.
66,000,000   Reste des Contributions indirectes, Tabacs et Poudres.
34,290,000   Postes.
8,000,000   Loterie.
19,147,482   Recettes diverses.

874,714,482

C'est, comme on voit, malgré la suppression des taxes sur les vins, et la réduction des droits du sel, 9 millions environ de plus qu'il ne faut pour nos dépenses ordinaires. Mais nous avons à remplacer l'octroi que nous proposons d'abolir, et qui procure aux communes quarante millions dont les budgets ne font pas mention. Pour leur laisser en centimes sur les contributions de quoi leur en tenir lieu, voici ce que l'on pourrait faire.

Si les boissons ne sont pas susceptibles d'une taxe, sans sacrifier les basses classes à l'aristocratie de l'argent, des places, et de la noblesse, et si la façon dont elles étaient suivies dans tous leurs mouvemens était un sujet d'exaspération continuel, il y a d'autres articles de consommation dont l'usage s'accroît véritablement à mesure que l'aisance augmente, et qui sont d'autant plus faciles à taxer, sans trop multiplier les agens du fisc, que les manufactures ne s'en trouvent ni partout ni en trop grand nombre. Le savon, le papier, la verrerie, la faïence, la porcelaine sont de cette nature. Ils ont singulièrement baissé de prix depuis quelques années ; ce prix se releverait à ce qu'il était, qu'on n'en consommerait pas moins, et 3 de ces articles suffisent en Angleterre pour rendre 60 millions. Il ne devrait donc pas être difficile de tirer des cinq 30 millions, et nous aurions à recevoir de plus qu'à l'ordinaire cette année, si nos idées étaient suivies,

  800,000 pour vente de l'hôtel du Ministre des Cultes.
 11,333,333 pour restitution de 8 millions par an pris de trop par le Roi, à titre de liste civile provisoire, depuis le 1er juillet 1830 jusqu'au 1er janvier 1832.

Puis d'ici à 1833, nous aurions tout le temps de réaliser de nouvelles économies, soit dans l'administration de la guerre qui devrait tomber à 150 millions, soit dans toutes les autres auxquelles nous avons à peine touché, soit dans les pensions que nous avons été obligés de respecter, faute d'avoir la liste des pensionnaires, mais qui peuvent certainement être réduites de beaucoup de millions.

Quant aux 141 millions de budget extraordinaire, pour lesquels le ministère se propose de négocier des rentes, nous ne sommes nullement de son avis. Lors même que trop de bois vendus en aviliraient beaucoup le prix, ils ne descendraient pas au denier 15 ou 16 auquel on aliène les rentes ; ils procureraient de plus qu'elles les avantages que nous avons signalés, et ce serait une affaire finie ; tandis qu'à côté de rentes qu'on émet, il faut placer un amortissement quelconque, et s'attendre à racheter la dette beaucoup plus cher qu'on ne l'a négociée.

Nous savons bien qu'il y a en circulation plus de 300 millions de bons royaux, contre lesquels il reste au ministère, comme nous l'avons dit en commençant notre travail, 8 millions 500 mille francs de rentes de l'année dernière à négocier. Mais il n'est pas nécessaire d'éteindre à la fois la totalité des bons. Depuis bien des années, il y en a toujours en course pour 100 à 150 millions. Il serait seulement désirable que l'on redescendît progressivement à cette somme, et que nos Chambres ne permissent plus de la dépasser sans une loi.

L'absence de limites n'a pas seulement pour résultat de faciliter aux ministres des prodigalités irremédiables. En offrant trop de placemens à échéance sur le meilleur débiteur possible, la nation, à des capitaux qui sans cela aideraient l'agriculture et le commerce, ces grandes masses de bons du trésor, qui sont sans inconvénient en Angleterre, parce que la fortune mobilière y égale celle en biensfonds, sont fâcheuses en France où la première est loin de suffire aux besoins de l'autre.

Les modifications que nous proposons dans le système actuel de nos impôts, n'ont pas, nous le savons, l'avantage d'une grande économie dans les frais de perception. On l'obtiendrait, en supprimant toutes les contributions indirectes, sauf les douanes, si l'on pouvait les remplacer par un impôt unique sur les revenus ou les consommations présumées, ou même ajouter tout simplement aux 5 contributions directes, c'est-à-dire, au *foncier*, au *personnel*, au *mobilier*, aux *patentes* et aux *portes et fenêtres*, un impôt également direct, qu'on nommerait, si l'on voulait, *de consommation*, et pour lequel on établirait le contingent de chaque département, au moyen d'une règle de proportion entre ce qu'il rendrait par les impôts susdits, ce qu'ils rapportent ensemble dans tout le royaume, et la totalité de ce qu'il faudrait pour les dépenses. Mais pour la répartition entre les contribuables, il serait nécessaire de faire la même règle, d'abord de l'arrondissement au département, ensuite de la commune à l'arrondissement, puis enfin du particulier à la commune. Ce dernier travail devrait en outre être rectifié par une division des particuliers en plusieurs classes, suivant le nombre des membres de leurs familles ; et de si longues précautions ne conduiraient pas encore à un résultat irréprochable. Une autre manière plus expéditive, et qui serait de confier la répartition aux conseils municipaux, donnerait ouverture à de bien plus grandes injustices. La conservation de plusieurs impôts indirects, divisés comme ils le sont, et modifiés seulement comme nous l'indiquons ou mieux, est donc évidemment préférable. Ils coûtent, à recevoir, quelques millions de plus que ne coûterait l'autre mode ; mais cette perte, fût-elle plus forte, aurait encore moins d'inconvéniens qu'une combinaison où chaque contribuable pourrait croire qu'il n'est pas justement taxé.

Paris, 7 Décembre 1831.

Paris.—AUGUSTE MIE, imprimeur, rue Joquelet, n. 9.